다이어리 그림 치유 노트

깜지

깜지

초판 1쇄 인쇄 | 2023년 02월 15일
지은이 | 양금초
펴낸이 | 이재욱(필명:이승훈)
펴낸곳 | 해드림출판사
주 소 | 서울 영등포구 경인로82길 3-4(문래동1가 39)
센터플러스빌딩 1004호(07371)
전 화 | 02-2612-5552
팩 스 | 02-2688-5568
E-mail | jlee5059@hanmail.net

등록번호 제2013-000076
등록일자 2008년 9월 29일

ISBN 979-11-5634-534-3

사랑으로 가득 채워 쓰는
영혼의 고백록

깜지

양금초

해드림출판사

작가의 말

내가 네 손을 잡았다

사람이 사람 되어 사람답게 산다는 것은 머리에서 가슴까지 가는 동안 수많은 고통과 시련으로 가슴에 닿는 머나먼 길이었습니다.

그분은 말없이 지켜보신 듯하지만 수많은 말로 가르치심을 알아차리기까지 오랜 인고의 세월을 살아내게 하데요.

강가에 서서 노을이 물든 들녁을 보면서, 아득한 지평선의 푸른 벌판에서, 새벽별이 빛나는 이른 아침 길에서, 끝없이 높은 하늘 그 구름에서 온통 사방을 둘러보아도 이렇게 배울 곳이 천지인 줄 내리막길에서 자세히 보니 알아차렸어요.

나의 님이 '너도 사랑스럽단다' 하십니다.

젊을 때는 올라가느라 자세히 못 보았고 내려오는 가을에야 온 천지가 사랑스럽다를 감탄사로 외치게 했어요.

서툴고 표현이 어눌하고 못다한 말이 있어도 모두 알고 계신 듯 이미 '너의 맘을 속속들이 알고 있다' 하시며 끄덕여 주신 분이 계셔서 맘 놓고 숨 쉬고 삽니다.

울분이 올라오면 북북 거칠게 내리긋고 기쁜 날엔 웃으며 보드란 곡선이 나비춤을 추게 합니다.

대항하고 싶을 땐 손발과 옆구리에 지울 수 없는 못 자국을 남겨두도록 두들겼지요.

너 하고 싶은 대로 하렴.

그래서 동네북이 된 것이 치유 노트였어요.

부족한 저의 친구들 그림, 글씨, 믿음, 고백들을 보시고 여러분들의 맘속 쌓인 매듭들을 숨은 재능으로 더 훌륭히 풀어 가시라고 용기를 내어 미약한 고백록을 펴냅니다.

더 성장되어 님은 더 가까이 계심을 많이 많이 온몸으로 채워 가시길. 그리고 여백을 여러분을 위해 넉넉히 내어 드립니다.

곱게 맘 가는 대로 아무도 모르는 고백들을 풀어 버리고 가세요. 영혼의 해우소가 되시길 빕니다.

님은 늘 곁에서 따스한 손길로 어느 곳에서나 어떤 일이 있어도 "괜찮다" 등을 쓸어 주십니다.

제가 부족해야 여러분이 빛나십니다.

빈 그릇만 드립니다. 여러분의 사랑으로 가득 채워 가세요. 맘을 나누는 응어리의 해소가 아름답게 승화되시길 기원합니다.

행복은 먼 곳이 아닌 바로 내 곁에서 지금 이루어진다고 수없이 타이르십니다. 고요한 묵주기도의 묵상이 마니피깟 노래로 화답해 주십니다.

2023년 1월 양금초 드림

차례

春

봄

우아한 보라빛 봉우리
너무 고와
한참을 도라지 꽃이
되었다.
순간 포착
도라지 꽃
문이 열리다.
22' 6.12.

서산에서 온
할미꽃
친구의 집 뜰엔 지천인데
내게 온 단 한 식구.
부끄럼도 많아
바로 보지 못하네.
어린날 동산에서 자주 만난
그 꽃 지금은 오랜만이다.

하느님은
모든 곳에 보낼 수
없어서
어머니를
보냈다

- 교부 -

멀리서도
선명한 너의
고운 자태에
시선을 끌어와
네 곁에 둔
환한 웃음

HAPPY MAY DAY!
영원한 양식이 이 세상에서 이어지는 날까지
아이들의 소리는 언제나 희망이다.
재잘대는 날이
오래 오래 계속되기를

– 마리오 수사님 하늘로 가다 –
새봄 꽃잎이 하늘길을 수놓으다.
–22. 2. 26–

어디에서
시작해도
꽃망울은
설레는 마음으로
힘차게
꽃잎을 펼칠
준비를 한다.
자연은 나를 키운다

창포 피는 날.
창포가 피면
강렬한 여름 태양이
젊음처럼 이글거린다
더 짙어 가는 청빛

그래도
봄은 옵니다
- 2022. 3. 1 News 9 -

더덕꽃
어린시절 보고
이제 내 창에
친구되어 피었다.
오랜 친구의
얘기는
밤낮 없이
즐겁다
날마다 창가에서
기쁜 미소를
긴 어둠을
함께 해 주었다.
더덕꽃과 줄기
싱싱한 초록의 시간은
줄기차게 뻗어 가

야생화의
영토는 언제나
넓다.
너의 것이구나
자유로움이 가득한 들꽃 정원이

내 평화를
너에게 준다
요한 14:27

평화 고요가 아니라
고통을 나누고
힘을 나누고
함께 살아가는
괴로운 세상이다. ?
권정생 (강아지 똥)

윤총의 길 (나비꽃 윤총)
높은 담장을
소리 없이 내려와
"나, 여기 있어요"
한다.
눈높이까지 오느라
애썼구나!

도라지가 창가에
친구가 되다.
가는 다란 실핏줄의
연결까지 올퉁 드러낸
꽃방에 내게 호강스럽게
보여 주다니. 나의 위안
이어라.
깊은 산속
이곳저곳 자유를
담아 청순한 자태
오늘 내 창가에 오기까지

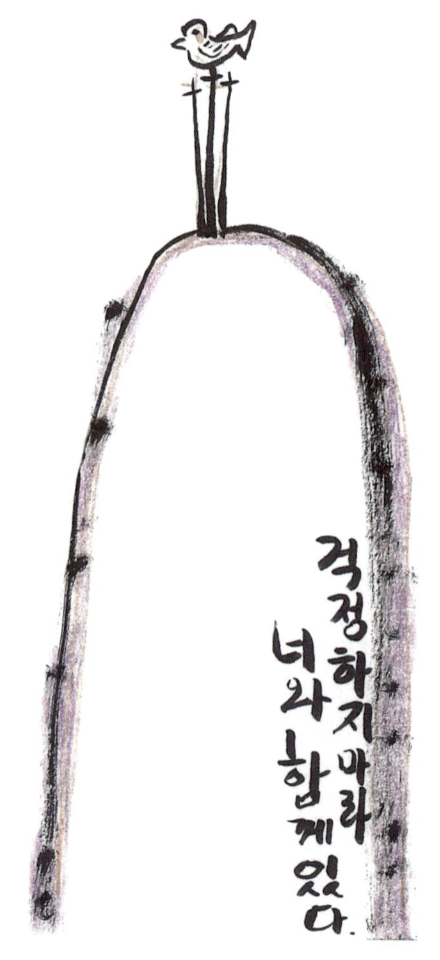

언제나
어디서나
임마누엘
신비의 사랑

오월은
장미가
울타리를 가득
채웠다.
보석처럼
가지 가지 마다

※ 우리집 튜울립의
봄나들이
※ 내 창가에
손님처럼 환히 웃고 있다.
화사한 꽃잎들이
둥근 부채처럼 펼칠때
왕관이 되었다.
그리고 순간 떠났구나

자신을 알아 가라.

이사이의 그루터기에서
햇순이 돋아나고 그 뿌리에서
새싹이 움트리라.
이사야 11,1

담장이의 건장한 줄기
끈기. 인내. 희망.
동네 담장에서

"환란의
날에 주님께서
당신께 응답하시고
야곱의 하느님
이름이 당신을
보호하기를
빕니다."
시편 20, 2.

우주를 향해
사람들이 호기심을 보인다.
하늘의 그넘을
바라보는 시간이 되

소생은 언제나
아름답다.
세상에 있어도
하늘에 가도
나를 날마다
소생 시키자

夏

여름

사이판의 국화
가족 여행을~
추억하게 한다

목포~고하도 가족기행 중에
해풍과 바다물에 씻겨
질긴 해변국화의 강인한 꽃과 줄기가 힘차다

서산
산골부부의
소식이
늦가을에 왔다.
시인의 길을 자연에서
잘 성찰하며 산다
늦은 가을
빨간 장미 등이
겨울을 맞이 한다고
영상소식을 전해 준다.

달이 진다 해도
하늘에 있고
물이
치솟아도
연못 안에 있다

~순교자 성인~

저 하늘 님의 품에서 편히
이별을 바칩니다
2022. 10. 29~30일에 일어난
엄청난 사고 이태원
젊은 영혼의 안식을

태양이
보낸 친구
해바라기
나만 바라보기
아니야.
어둔 친구
얼굴에
너의 빛을
주렴.
해바라기 사랑은
여전히 해님이야!

살아 있음이
행복이어라.
벌판에 있어도
여전히 야생화가
천지를 이룬다.

내가
하고자 하니
깨끗하게
되어라

마르 1:41

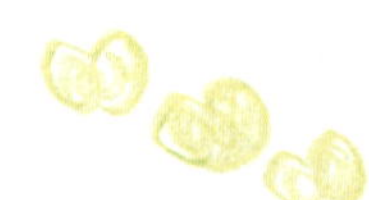

각기
다른
재능으로
너는 꽃이고
너는 잎이고
그리고 서서 보는
너도 꽃이구나
너는 바로
줄기이고
뿌리였구나.

고목에
그곳이 가장
진한 향기를
뿜게 하는 곳
척박한 바위틈도
삭아 부서지는
나무 등걸도
난 어디에서도
살아 내었다.
그리고 꽃과 향기를
마주하는 이에게 선물이란다

금강초롱
심심 깊은 오지 산골
그 인적없는 바위틈에
저리도 고운 자태로
누굴 기다리나
초롱초롱 촛불켜고
오시는 님 길목에 아름다워라.
수줍은 홍조

너에게
지혜롭고
분별하는
마음을 준다

- 열왕기 상 3,12 -

2020. 9. 27.
박꽃이 피었다
흰 너울 덮어쓰고 수줍은 듯 찾아온 아침 손님!

주머니꽃
작은 꽃 안에
어떻게
저 큰
주머니를
만들까
신비로운 자연
세상은
새로운 창조와 연속이다
다양한 자기 색깔로
날마다 새로운 변화를
선물해 준다.

늦은 가을 싹을 틔운 박씨
박꽃의 늦은 나들이
가을바람이 소슬한데
이제 피워보려고 무던히도 애쓰는 박꽃망울이~

부스러기

마르 7,29

<아보 카도 나무>
기상이변으로
열대 사막기후가 여름이면
인간들을 늘어지게 하지만
아보 카도 나무가 제철이 되었다

<상사화>
잎을 두고
꽃이 홀로
꽃을 두고
잎이 홀로.
-상사화 불갑사-

더덕꽃 방
신비한 비밀
종꽃속에 오묘한 신비!
화사한 비밀의 방을, 수줍은 듯 마련했다.

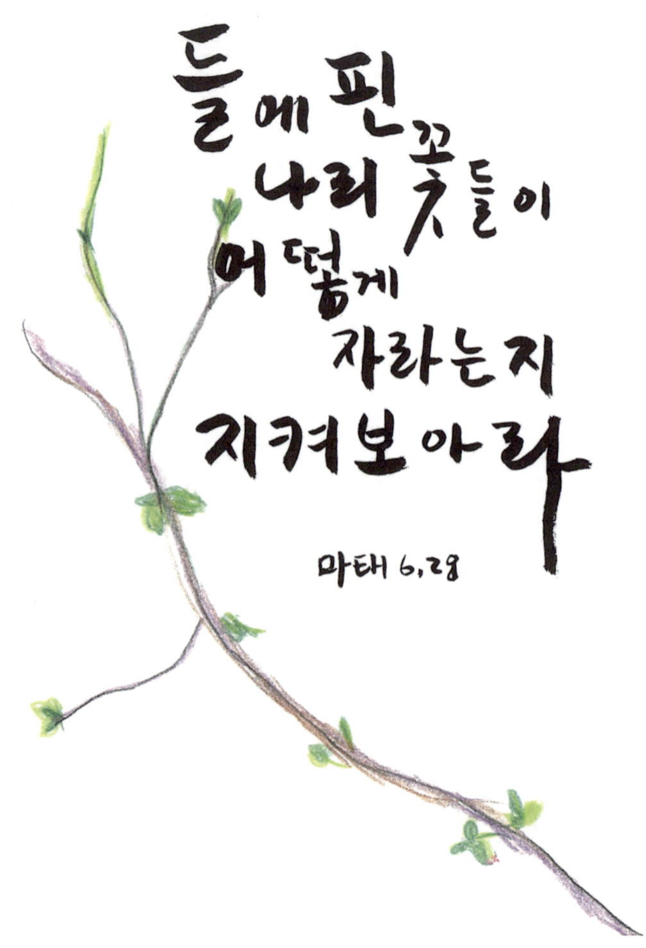
들에 핀
나리꽃들이
어떻게
자라는지
지켜보아라
마태 6,28

〈강인한 사랑초〉
한뿌리가
봄이오면 가득히
자리 잡는다.
추워도
더워도
사랑초에겐
문제가 없다.
부지런히 꽃분을
올려 보내고
또 보내서
꽃과 함께
화분 가득
대가족을
흐뭇하게 자랑한다
창가 꽃밭 ─사랑초
친구들 ~

꽃 한 송이
향내가
어디까지 퍼졌을까?
날개 달린 친구들은
쉴 사이 없이 찾는다.
묵직한 꽃가루가
또 다른 생명을 잉태하려
생명체의 삶의
신비
창조주의
오묘한 신비.

<더덕꽃 방>
향가 화남에
셀수 없이 피고 지는
더덕 꽃
날마다 바라보고
다정한 얘기만 해도
춤추듯이
꽃망울을 가득 피우고
더덕꽃 부자가
곁에서 웃고 산다.

야고보 2, 13

아무리
작아도
무슨일인가 해낸다.
헤아릴수 없는
화분이 꽃을가득담고
곁에 웃고
있을 겁니다
< 아기 사랑초 >
어린 사랑초
한 뿌리
수많은 가족들을
빼꼬기 데려 온다.
가을에 싹을 보낸
사랑초. 바늘대처럼
가늘어도 잎모양은 반듯하다.

<신기한 등나무>
가는길이 멀고 멀어
미로의 가지 마다 등불같이 밝다
노랑등나무
- 바다 향기 수목원

꽃 한 송이
높이 피워 가며

"나 여기 있다."

이사 58,9
이사 65,1

이제는
내가 사는 것이
아니라
오직 예수께서
내 안에
사신다

<사랑으로 자란 친구>
자연은
혼자
맡겨진 소명을
어떤 처지에서도
잎은 잎대로
꽃은 꽃잎을
줄기는 어디로
가는 것이
길인지
혼자 측량하고
혼자 뻗어 간다.

수도원 창가에
등꽃이 흐드러지게
창가에 들려오는
님의 사랑 노래가
등꽃송이 송이 만큼 피었다
수도원 회랑 등꽃 잔치

양귀비의
화사한 빛깔
멀리서도
금방 오라
손짓한다.
㊍ 명동 길거리
꽃밭

麵形
無我

불도 되시고 물도 되셨네
물이 되시어 우리를 정화하시고
불이 되어 우리 갈 길 비추셨네
피땀과 눈물로 우리를 씻어주시고
사랑의 불로 끓고 타게 하셨네
물이 되시어 물같이 내려만 가시더니

방유룡 신부 靈歌 중에서

성체 속에 내가 없다. 내가 주님 안에 흡수되어 하나가 되다.

<봄은 정이 가득하다>
이곳저곳 꽃바람이다
세상은
아름다운
자연의 그꽃처럼..!
그렇게 사람들도
정으로 가득한
사람꽃 피어나길.
왕벚이 피던날
봄은 깊어가고

창가로 찾아온
깊은 산골의
더덕 나들이

산골부부가
보내온 더덕
서산 산속
도라지가
내 창가에 와있다

하늘이 땅에서
아득하듯

나의 길은
너희 길보다
높다
나의 생각은
너희 생각보다
높다. -이사 55,9-

서산 산골부부의 선물
으름덩쿨 꽃
서산 친구가 보낸 사진

오월이 오면
덩쿨장미의 설레임
다시
오는
장미의
계절

노랑꽃의
한 여름의 여유
물한모금으로
노랗게 꽃잎을
내고
물한모금으로
녹색잎을 적조한다.
까만씨앗은 여름을

=루카 12.32=
너희도
준비하고
있어라
12
9
3
6
쉼 없이
가는 시간

베타
2019. 8

베타에게

갈 곳 없는 기나긴 어두운 터널에서

혜성처럼 나타난
베타야!
너는 나의 인생순례길 친구였다.

움직이는 청빛 보석
화려한 꼬리 웨이브 물결
환상 속 수궁의 비밀이
네 몸짓 안에 가득했구나.

오가며 나눈 수많은 얘기들을
그토록 많이 주고 물방울처럼 갔구나

너의 자태에서
충실한 이승의 의무를 오롯이
내게 베풀어
하늘의 부름으로 더 나은 환생의
기쁨을 안아 살기를~

고맙다
나의 친구 베타야!

목단은 언제나
아름답다
다정한 언니의 품처럼
꽃베개, 이불깃, 색시 치마폭에
혼수로 필수품에 있다
목단만 보면
시집가던 언니의
신행길을 물끄러미
애처롭게
바라보았다.

내가 있는
곳에
나를 섬기는 사람도
함께 있을 것이다

秋

가을

진흙속에서
피어난 연꽃을
아무도 뿌리를 기억하지
못하게 한 고고한 한송이 꽃
지금 너의 모습이 . 그립다
창조해 주신
하느님 감사합니다
그 열매가
충실합니다.

가을이

참

고요하다

충실한 열매의 온 정기를 모아
하늘님께 내보낼 봉헌물들을
고요히 헤아려 보게 한다.

날마다 새로우며
깊어지고
넓어진다.

정채봉
"첫 마음" 中

자연의 모든것 안에 가르침이 있다.
가르침을 듣고 나섰다 하느님의 선물이다

늦은가을
해 당화 한송이
채마꽃 앞을
내려 놓고 가기가
열매를 보니
안타까웠나.
둘이서 마주하고
못다한
남은 사연
소슬한 바람에도
마지막 춤을 춘다.

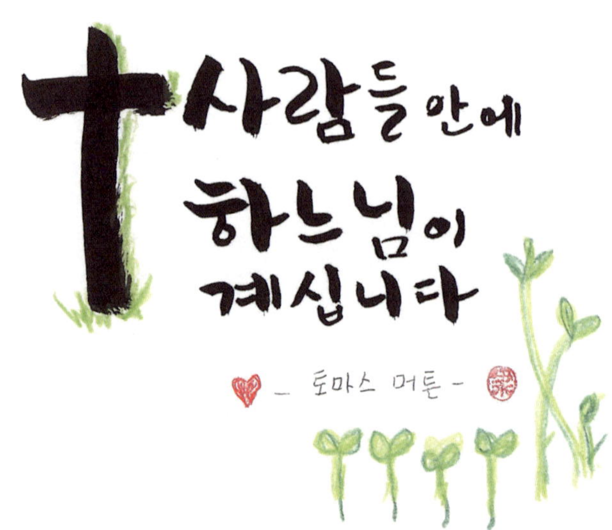

사람들 안에
하느님이
계십니다
- 토마스 머튼 -

잠자리와 산국화
나는
세상의
빛이다
나를 따르는 이는 생명의 빛을 얻으리라
요한 8,12

낙엽의 결단
새로운
창조를 위해
제가 내려
가겠습니다.
낮은 곳으로
낮은 곳으로~

따로
외딴 곳으로
가서
좀
쉬어라
마르 6, 31

숲속을 밝히는 등불이 되다
만추는 화려하다
떠나기 위한 가장 아름다운 치장
그 아름다움에 덩달아
가슴이 설레이다
하얀 뚝 땅으로 간다
너도 나도 그리움게 간다
한 알의 열매가 덩달아 나선다

가을에 찾아온
색깔고운 꽈리 풍선
그 안에 무얼 숨겼나?
새봄의 씨앗하나
애틋이 품었네.

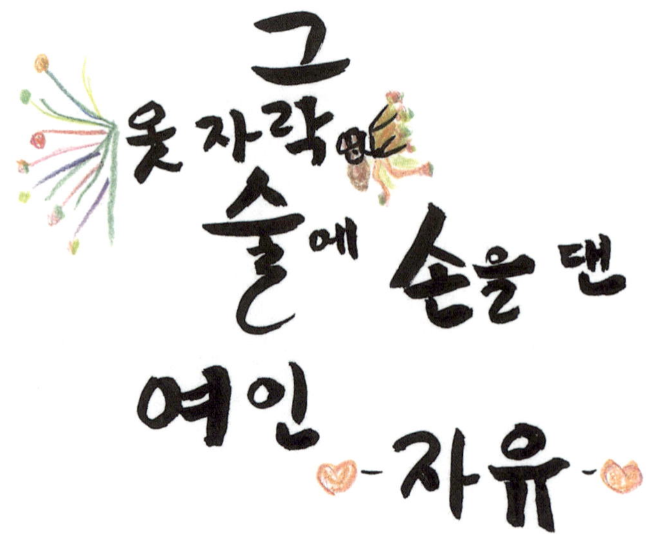
그
옷자락
술에 손을 댄
여인
-자유-
마르 6, 56

삶은
얼개다
세상의 얼개들에
또 다른 얼개로
이어지는 길들.

계획은 사람이
완성은 神
의 영역이다.
행복하다
주님의 그늘은~

저 예파타!

귀가 열리고 혀가 풀려서

- 마르 7, 35 -

세상이 온통
그리스도의 씨앗으로
사방을 밝히노라.
겨자씨 한 알이~
땅에 떨어져 모든 생명이
깃들여 살만큼 큰나무가
되었다.

"또
한 해를
잘 보냈구나"
각기 다른 길을
가기 위해
이별의
시간이
필요하구나.
잎과 가지가
나누는 대화에서

어두운 터널이
끝나가기 시작

가을은 고요히
열매를 영글어
내 놓는다.
봄. 여름 가을.
겨울을 어떻게
살아 왔는지 ~
그리고 다음을. 준비하며 ~

제주 앞바다의 노을
아름다운 빛으로
하늘과 바다가
노을 꽃을 피우며
세상 모든 만물이
대자연의 아름다움에
찬미와 찬양을
함께 올립니다.
감탄의 노래가 찬양되어
오른다.

언제나 기쁘게
끊임없이 기도를
모든 일에 감사

— | 데살

자유롭고
평온하게
나의 꽃을
피워 가는
주머니 꽃이며
그 안에
무슨 사랑
복주머니 꽃.
주머니 안에
사랑을 담아가고 있어. 가득하나요?

척박한 비탈에서도
고난을 이겨내는
생명체의 놀라운 힘이
솟아 올라
보는 이도 함께 기운을
모은다.

상냥한 말은
꿀송이
목에 달콤하고
몸에 생기를
준다

잠언 16:24

공기가
가득
신기하다
그 안에
어떻게
공기가
풍선초

보성 차밭
차꽃이 피었네.
봄에는 연한
잎을 선사하고
철이 지나면
꽃을 주네요.

하느님이
가장 겸손이 오시고
겸손의 삶을 사셨고
가장 겸손한
죽음까지
하느님이 이토록
낮추시는데
어찌 내가
낮아 지지 않으리

루카 14,1~

순교.

누구나 선택할수 없는
너무나 높고 경외로운 선택.
당신들의 피 한방울 한 방울은
결코 헛되이 산화되지 않습니다.
후손들의 가는 길목마다
고귀한 인도가
사악한 무리들이 날개치지 못하며
이 나라 곳곳이
강인한 신앙의 기운을
가득히 펼쳐져
믿음의 나라가 꽃피울것입니다.

제주
황사평 성지에서
생명과 바꾼
믿음. 순교의 꽃
후손의 발자욱이
여기에서
시작 됩니다.

주님께서

뽑아 세운

너!

"수확할 것은 많은데
일꾼이 적다."

루카 10,2

누구든지
자신을 높이는 이는
낮아지고
자신을 낮추는 이는
높아질것이다
루카 18,14

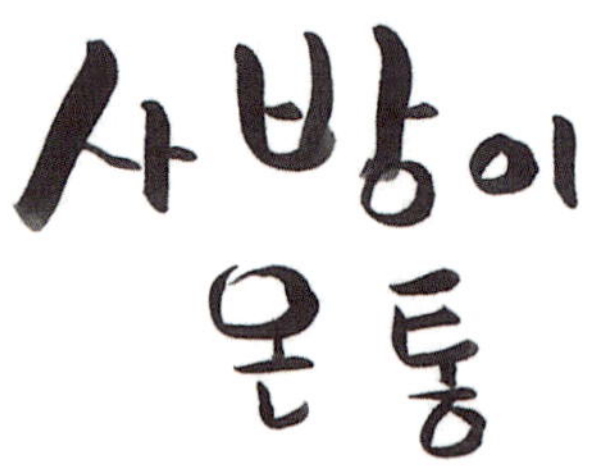

〈나바로 족의 행복〉

앞에도 행복
뒤에도 행복
위에도 행복
아래에도 행복
주변 어느 곳에나 행복
내가 행복하면
모두가 행복인 것을.

1데살 5, 16.17.18.

- 자작나무 숲 -
위로 위로 녹음을 보내고
외로이 망루처럼 우뚝
서 있는 자작나무들
태양의 짙은 열정을
오롯이 하늘에서 -

우주의 이른 아침.
새벽길에 함께 걷는 별과 달그리고
새벽을 시작하는 사람들의 달무리.~
몫이다.

冬

겨울

저 먼 곳의
광명에

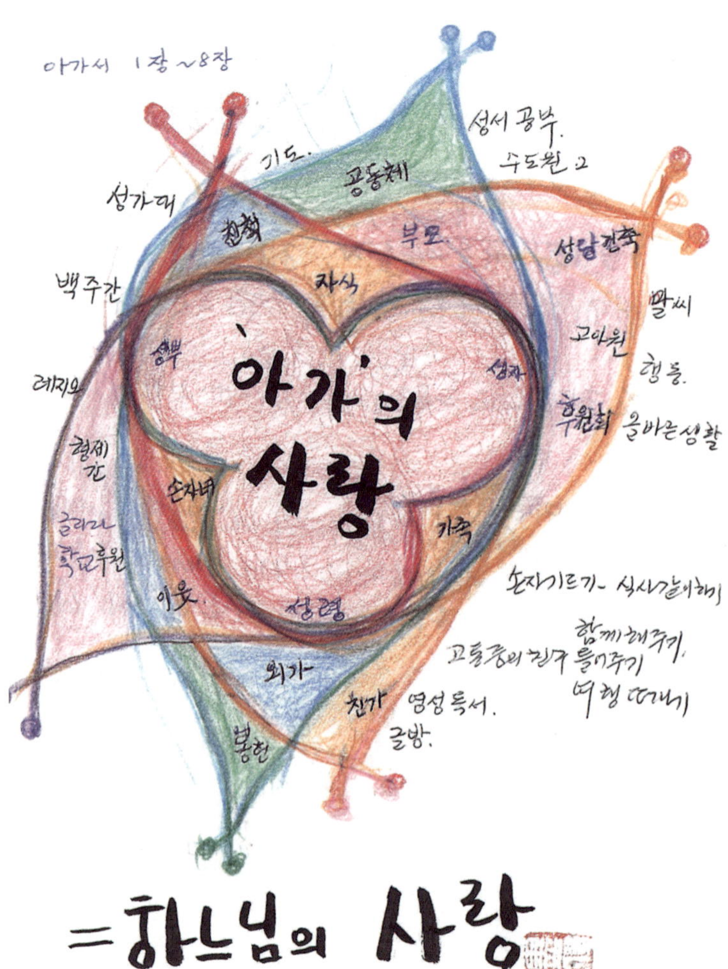
아가서 1장~8장
성서 공부.
수도원
기도.
공동체
성가대
부모.
백주간
자식
성부
아가의
사랑
성자
고아원
행동.
후원회
올바른 생활
레지오
손자녀
가족
이웃.
성령
함께해주기.
들어주기
여행 떠나기
외가
친가
영성 독서.
글방.
봉헌
=하느님의 사랑

오늘 내가
너의 집에
머물겠다
루카 19, 5
누구의 친구이십니까?
가난한 이
앓는 이
눈멀고
귀 멀고
불편해서
소외된 이들의
친구

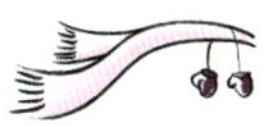

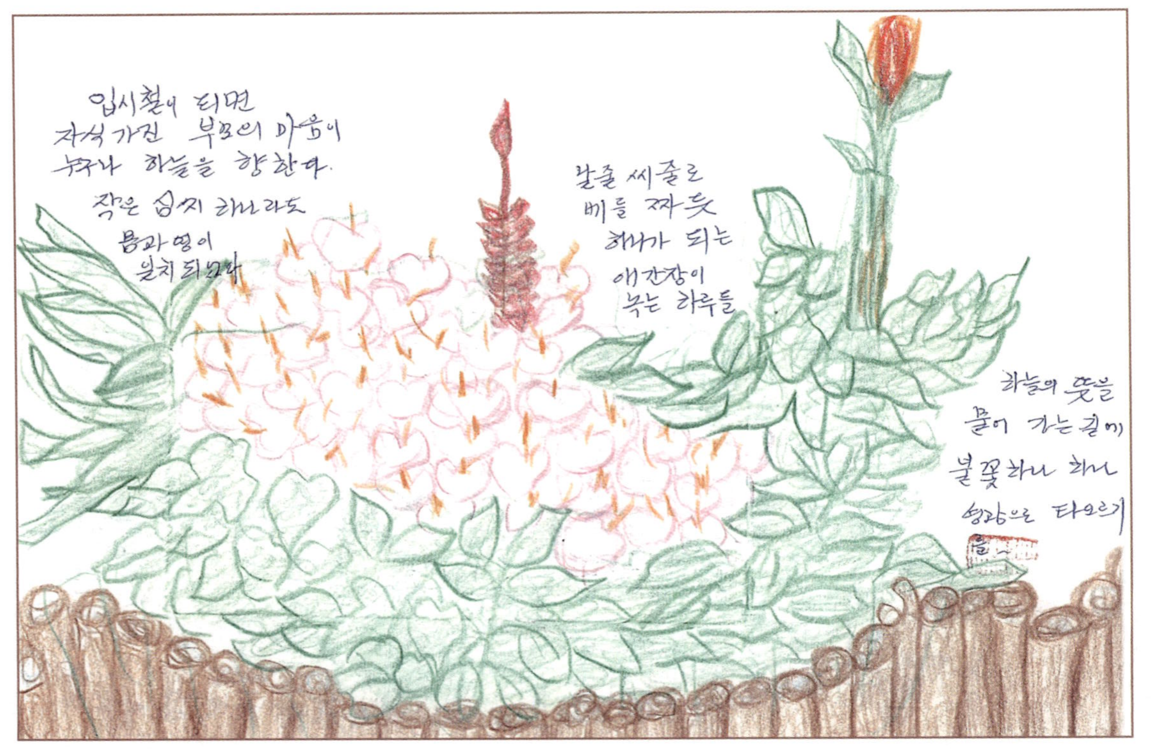
입시철이 되면
자식 가진 부모의 마음이
누구나 하늘을 향한다.
작은 심지 하나라도
몸과 영이
일치되도록
날줄 씨줄로
베를 짜듯
하나가 되는
애간장이
녹는 하루들
하늘의 뜻을
물어 가는 길에
불꽃 하나 하나
영광으로 타오르기
를

호랭이가 그립다
지리산에서 백두
어흥 내달리는
호랭이를 떠올린다
시인 作

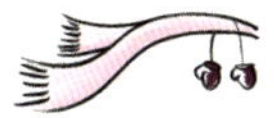

순교의 혼.
하늘문이
열리는
순교의
혼이시여
당신들의
피가
결코
헛됨이
없으리라
봉헌을~
<커랑걸.>
순교의 몸
주님의 품에
사랑이어라.

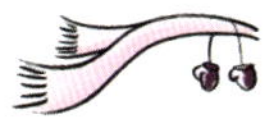

주님! 영원한 길로
저를
이끄소서!
마음의
영혼의
등불을
오늘도 갑니다

사도요한
요안나
미카엘
유스티나
가브리엘
가브리엘라.
글라라
요셉
베드로
그리고 나
주님 안에
가족모두의
선화를
주님 - 기도의 향기
간절한 기도 올리나이다.

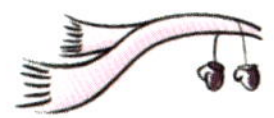

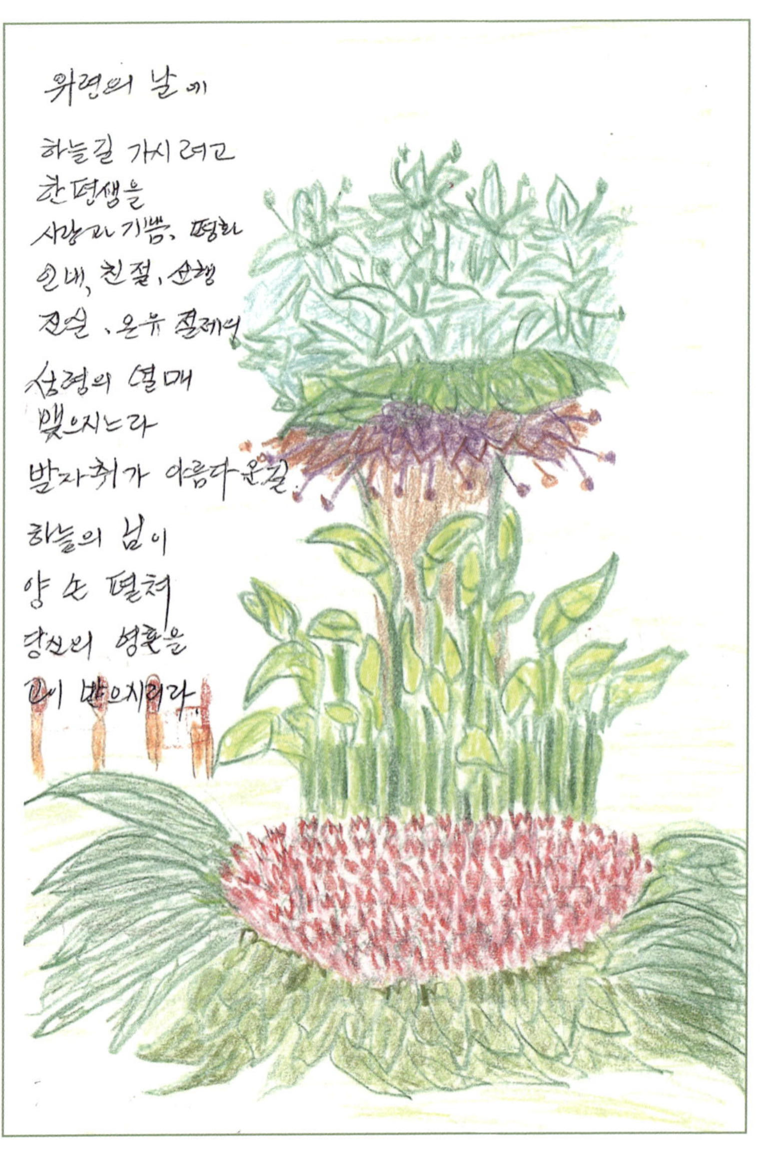
위령의 날에
하늘길 가시려고
한평생을
사랑과 기쁨, 평화
인내, 친절, 선행
진실, 온유 절제의
성령의 열매
맺으시느라
발자취가 아름다운 길
하늘의 님이
양 손 펼쳐
당신의 영혼을
고이 받으시리라

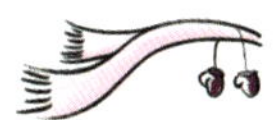

오늘

웃어요

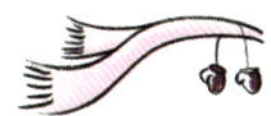

마라나타
어서 오소서!

주
예수님!

묵 22. 20.
시편 95편
루카 21. 36.

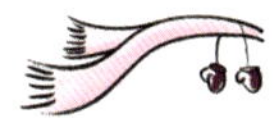

너희는
준비하고
깨어 있어라

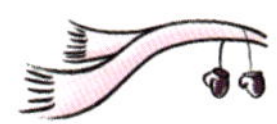

순교
103위 성인
124위 복자
무명 순교자
순교의 피가
이나라에 귀중한
신앙의 근본.
- 명동성당 지하
성체 조배실에서

* 하느님의 의인 소개.
욥은 "흠없고 올곧으며
하느님을 경외하고
악을 멀리하는 사람은
땅위에 다시 없다."
욥 1,8

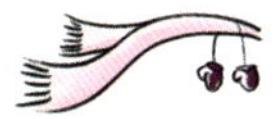

처음에 말씀이 계셨다.
말씀은 하느님이셨다
말씀이 사람이 되시어
우리 가운데 사셨다.
그분의 영광을 보았다.
그 생명은 사람들의 빛이었다.

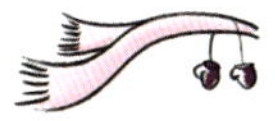

겨자씨
한알 만한 믿음이라도
있으면
이 돌무화과 나무더러
'뽑혀서 바다에
심겨라'
하더라도 이것이
너희에게
복종할것이다.

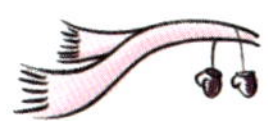

젊은 남자

티토 2:6~10

신중한 행동

선행의 본보기

가르침

고결 품위

건전한 말

적대자가 부끄럽게

트집잡을 데가 없게 ~

나이 많은 여자 티토2,3

기품 있게

남의 험담 삼가고

술의 노예 아니고

선을 가르치는 사랑.

젊은 여자 훈련 티토2,4

남편 사랑 티토

자녀 사랑

신중 · 순결 · 살림↑ 어질고

夫 순종 하느님 言

모독 되지 않게

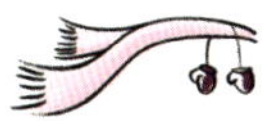

복된 희망 기다림

나이 많은 남자

신중하고

절제하고

기품 있게

건실하고

티토 2,2

믿음

사랑

인내로 익어가는가?

하느님
나라가
너
가운데 있다

루카 17..21

임마누엘 나의 하느님.!
찬미와 영광 받으소서!
영원히!

나를 잡아라

루카 21. 14.

"어떠한 적대자도
맞서거나 반박할 수 없는
언변과 지혜를 내가 너에게
주겠다."

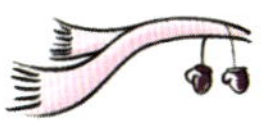

날마다 오심을

감사드리며 대림절에

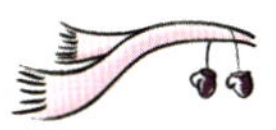

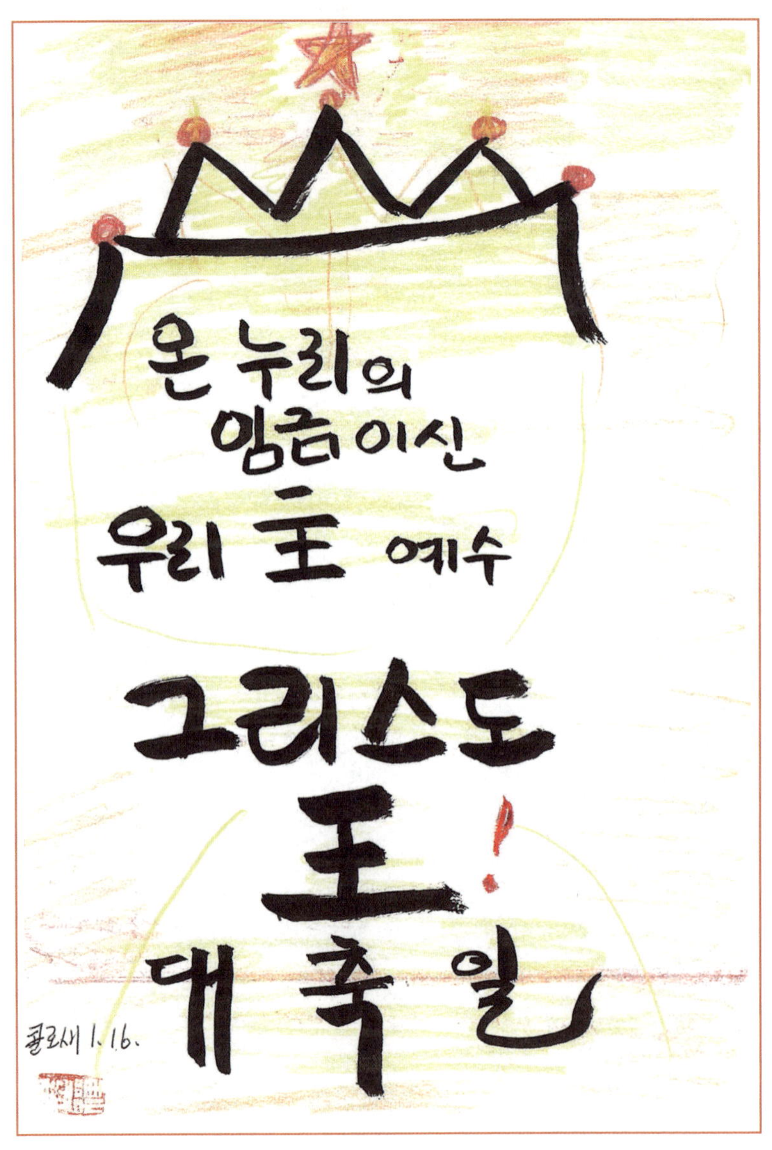
온 누리의
임금이신
우리 主 예수
그리스도
王!
대축일
골로새 1.16.

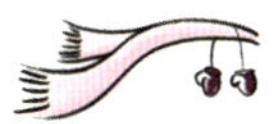

하느님과
재물을
함께 섬길수
없다

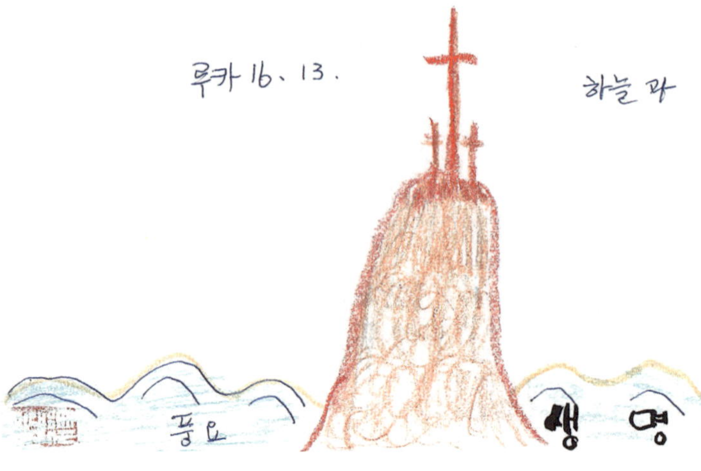

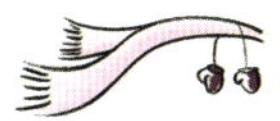

내 안에
변함 없이 흐르는 강
그 강이 생명이기에
나 외로워도
깨어져도
부서지고 처참해도
여전히 가고 있는 길.
그 길이 행복이어라.

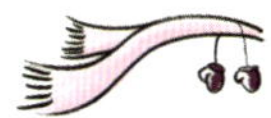

어디로 가시든지
저는 스승님을
따르겠습니다.
루카 9, 57

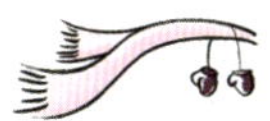

♡레게이 도마뱀 친구, 손자의 애완동물

가끔 집에 오면 둔중한 몸을 느리게 움직이면서도 먹이를 낚아챌 때는 얼마나 비호같이 빠르던지 어디서 그런 힘이 나오나 놀라곤 했어요.

지친 나에게 활력을 주었던 친구♡

똥꼬바지와 현수

양금초

체조선수처럼
얼마나 날렵한지
그 꼬맹한 작은 발의 힘
어린 근육 힘이 무쇠다

현수는 네 살
막내 손자
형아 따라 곁 배운 태권 함성
균형 잡힌 품세가
세 살배기 폼치곤 걸작이다

걸음도 활기차고
재치 있는 말쟁이
아침 길 나서면
잿빛 똥꼬바지
하루도 뺄 수 없다

바지 뒷주머니가
유난히 커서
길 가다 '에취'도 주워 넣고

나무 도깨비도 들여보낸다

"함미, 현수 멋있지?"
폼 잡으며
"현수 나들이옷이야!"라고

고운 노란 단풍나무
장승처럼 포대에
쌓여있으면
도깨비 물리치듯
장난감 칼로 윽박지른다

오늘도
똥꼬바지 현수는
태권 품세로,
정의의 함성으로 골목을 누빈다

함미라고 부르는
나의 얼굴에도
미소가 퍼진다.